W0215872

Collection
« Petite philosophie du voyage »

En partenariat avec
baladéo
À CHACUN SA NATURE
www.baladeo.com

ÉMERIC FISSET

L'IVRESSE DE LA MARCHE

Petit manifeste en faveur du voyage à pied

TRANSBORÉAL

Né en 1962, Émeric Fisset a l'âme voyageuse. Après un tour de l'Europe à pied de 1984 à 1986, il s'est rendu en Inde à vélo entre 1987 et 1989, voyage au cours duquel il a notamment eu l'occasion de découvrir à pied le Yémen et le Baloutchistan. Deux traversées en solitaire de l'Alaska se sont ensuivies : du nord au sud-ouest en 1990-1991 et du sud-est au nord-ouest en 1994-1995. Ces dernières années, outre des raids pédestres au Kamtchatka, il a arpenté de nombreux massifs français, du Cantal à la Chartreuse, du Jura aux Pyrénées, en passant par l'Oisans et le Vercors.

Il est l'auteur des ouvrages : *Alaska, Visions d'un pèlerin de la Grande Terre* ; *Dans les pas de l'Ours, Une traversée solitaire de l'Alaska sauvage* ; *Sous l'aile du Grand Corbeau, De Seattle au détroit de Béring* et *Par les volcans du Kamtchatka, Un été dans l'Extrême-Orient russe* (avec Julie Boch), parus aux éditions Transboréal. Il est aussi l'auteur des films *Transboréal* (GEDEON, 1996) et *Ellesmere, L'emprise des glaces* (avec Emmanuel Hussenet, Transboréal, 2000).

J'ai beau gravir ces hautes pentes désertées, avancer sans relâche au milieu d'herbes folles qui fouettent indiscutablement mon corps, je continue de ressentir le même désarroi. Mais comment l'éluder, comment le résoudre ? Sûrement, il me faut progresser, en moi-même s'entend. Congédier à jamais cette défroque hominienne qui manifestement m'accable encore de ses lubies. Peut-être faut-il reprendre ma nymphose, peut-être suis-je sorti trop tôt de cette écorce ? Mais non : s'il existe une solution, elle ne peut être que devant moi, dans le mystère de ce monde où j'avance sans même être sûr qu'il existe. Il faut parachever, affiner ma métamorphose, m'éloigner de ce seuil trop proche encore des humains et de leurs rêves mammifères, devenir si possible ou reptile ou oiseau. Oui, oiseau, voilà qui serait l'idéal ! Alors, plein d'espoir et d'allant, je me mis à marcher, à errer sans bruit à travers le printemps, attentif à ses souffles, à ses murmures secrets.

Jacques Lacarrière, *Le Pays sous l'écorce*
(Éditions du Seuil, 1980).

À Julie,
ces moments vécus seul,
ces moments vécus ensemble,
ces moments universels.

La piste moussue s'écarte rapidement de la route en lacet puis, longeant un chapelet de lacs sous le ciel d'azur, s'élève à travers les pins à crochets vers le col qu'un écriteau mentionne, à deux heures et demie de là. Dans le ciel, un aigle et le ballet des vautours ; au milieu d'un pierrier, le cri d'alerte des marmottes ; partout, des lézards s'enfuient et des sauterelles bondissent. Quand la pente devient raide, un peu de musique dans le baladeur, pour se donner du courage. Sur la ligne de crête, la brise vient rafraîchir le corps du randonneur qui extrait de son sac les sandwichs que, de bon matin, alors qu'il s'enquérait une dernière fois de la météo, il a préparés pour la journée. Sur sa carte au 1/25 000, il vérifie le tracé de la sente qui monte au premier sommet, que des cairns et des marques peintes matérialisent sur le terrain.

Tout va bien : il sera là-haut à 14 heures, d'où il essaiera de passer un appel téléphonique pour rassurer les siens. Puis il enfilera sa veste matelassée pour la pause, prendra quelques photos, boira sa boisson énergisante et avalera deux barres de céréales avant d'entamer la descente. Du parking, sa voiture le ramènera au soir chez lui, pour une bonne douche, un repas chaud et les bruits du monde dans le téléviseur. Heureux du sentiment d'avoir communié, fût-ce brièvement, avec la nature.

Les bonheurs pleins mais fugaces que ressent le marcheur épisodique n'ont rien de comparable avec l'ivresse qu'il connaît lorsqu'il se mue en voyageur à pied. Ce dernier ne part pas du parking d'accès mais de la vallée, quand il ne reste pas sur les hauteurs. Il n'a pas choisi son heure ; il n'a ni la météo du jour ni celle du lendemain, juste ce coup d'œil au ciel qui, au réveil, lui permet de connaître la tonalité de la journée : soleil, brume, orage ou vent. Il n'a emporté ni baladeur, ni GPS ni téléphone portable, car il s'est chargé d'une tente et d'un duvet, pour s'arrêter là où la nuit le surprendra. Il n'a pas de sandwichs tout prêts dans le sac, tout juste lui reste-t-il un bout de saucisson ou de fromage, une plaque de chocolat et quelques poignées de fruits secs. Il ne dispose pas d'une carte précise des lieux, car il lui aurait fallu en acheter de très nombreuses pour couvrir soit la région, soit la province soit le pays qu'il a choisi de parcourir à pied, où rares sont les sentiers balisés. Enfin, point de doudoune mais une surveste sempiternellement humide. Et surtout, il ne reviendra pas sur ses pas et ne sait pas où il dormira au soir ; à peine sait-il où il sera dans un mois, trois mois, six mois ou un an de marche. Le ciel n'est peut-être pas engageant quand il passe, les lacs peuvent être englacés plutôt que smaragdins, et le col indistinct dans la poudrerie d'un après-midi hivernal. Mais de tout cela, le voyageur à pied n'a cure : il est *une force qui va*. Pourtant, en dépit d'efforts renouvelés, d'un inconfort plus grand et d'une sécurité moindre, en dépit des aléas du climat et du terrain, il entretient un lien plus intense avec la nature et le paysage.

Voyager à pied signifie s'abandonner à l'espace et au temps. À l'espace, car une fois tracée la ligne entre son point de départ et le but qu'il s'est assigné – la pointe sud d'un continent ou le cap nord d'un autre, le bout d'une chaîne de montagnes ou le delta d'un fleuve –, le marcheur ne sait jamais exactement où ses pas l'entraîneront le jour suivant. Il sait juste que ce jour-là et le jour d'après encore ses jambes le porteront, et ne doute pas qu'elles ne lui permettent d'entrevoir, à une date non préméditée, le finistère dont il a rêvé. L'homme qui marche au long cours n'a pas la maîtrise de l'étape. Celle-ci peut dépendre d'un abri providentiel sous la pluie drue, de l'autochtone qui, au vu de sa fatigue et du soir tombant, le retient chez lui, plus rarement de l'ouverture de l'ultime magasin sur son itinéraire. Quoi qu'il en soit, une fois que le voyageur a effectué ses huit à douze heures de progression quotidienne, ce qui, en terrain inconnu, ne représente guère plus de 35 kilomètres, il ne saurait être question pour lui de rallier la ville et ses petits hôtels, telle auberge de charme ou tel camping au bord d'un lac.

Une lapalissade veut que le marcheur s'arrête là où s'achève sa journée de marche. En deux heures de plus, un cycliste pourrait échapper à la steppe poussiéreuse en couvrant les 30 kilomètres qui le séparent encore d'une bourgade, ou quitter un lieu inquiétant en se mettant sous la protection de la police. Le motard pourrait rouler jusque tard dans la nuit vers les lumières rassurantes de la ville, tandis que le voyageur qui utilise le train ou les cars locaux connaîtrait son heure et son lieu d'arrivée, quand bien même un incident viendrait le retarder avec les autres passagers. Le marcheur, lui, s'arrêtera parfois là où nul autre que lui n'aurait jamais songé à s'arrêter : au bord d'un chemin, dans un campement isolé, une ferme, des ruines, un camp de bûcheronnage ou une mine perdue. Il demandera l'autorisation de planter sa tente là où rien de remarquable ni de touristique ne prédispose à le faire. Et pour ne pas éveiller la suspicion à l'endroit où se trouve sa seule chance de faire halte, il devra avoir le regard pur de celui qui vient de loin, ne jalouse rien hormis l'espace sur lequel ses jambes seules lui donnent prise.

pourvu que le plein soit fait.

Voyager à pied signifie aussi s'abandonner au temps. Cela revient à accepter pleinement de la nature ce qu'elle prodigue, le soleil comme les intempéries, la chaleur comme le froid, l'exubérance comme l'austérité, l'exaltation comme

Je ne me suis jamais levé si tôt ni couché si tôt qu'en NC – Je vit avec le soleil.

le découragement. Quiconque entreprend un périple de quelque ampleur se refuse à choisir les seuls jours de météo favorable pour avancer. Ni la pluie, ni la neige, ni le vent, ni même la saison n'arrête le marcheur au long cours, car c'est dans le rythme de l'effort, dans l'affrontement quotidien avec le terrain et les éléments, dans l'action qu'il puise sa force ; c'est la tension du but à atteindre qui l'amène à se dépasser, à faire fi des aléas climatiques, de la belle saison qui s'achève. Car la marche permet de redécouvrir l'importance des saisons et des grands rendez-vous annuels qu'étaient autrefois les équinoxes et plus encore les solstices. Celui qui est dehors et n'a d'autre protection que ce que renferme son sac et les ressources que lui dicte sa sagacité face au terrain sait ce que représentent l'été qui s'efface devant l'automne ou l'hiver qui fait place au printemps, l'apparition des narcisses ou la fanaison des épilobes. Ne pas passer de parasol en parapluie, de bus climatisé en hôtel de luxe, d'animation collective en soirée folklorique, mais connaître le bonheur du rayon de soleil dont on désespérait, la joie d'une cabane inattendue

ujourd'hui, j'ai pris une
utostoppeuse en route, l'échang
été riche. Elle m'a expl
enseigné sur sa culture

ou d'une rencontre sincère et fortuite : la confrontation du marcheur au terrain offre tout cela, et bien plus encore.

S'arrêter revient à s'exposer au risque de ne plus avoir la force de repartir ni le courage de braver les éléments. Le corps le sait, qui tient le coup tant qu'il doit parvenir à l'étape où se ravitailler et qui, au lendemain de son arrivée, se relâche et se trouve soudain perclus de douleur. Au cours d'une traversée d'un an de l'Alaska, j'ai marché six semaines comme un ours dans la toundra et comme un orignal dans la taïga, me jouant des rivières, des pentes et des éboulis du parc national des Portes de l'Arctique, vaste comme la moitié de la Suisse. Six semaines entre un village d'Eskimos iñupiat au nord et, par-delà la chaîne de Brooks, un village d'Indiens athapascans au sud, six semaines sans une piste humaine, à connaître la faim qui rend les jambes molles et le cerveau aboulique. Et, sachant dès le départ que j'avais 600 kilomètres de solitude extrême à couvrir, j'ai tenu pendant ces six semaines. Mais, sitôt parvenu au confluent des rivières où se niche le modeste village d'Allakaket, mes pieds, gonflés par

Impossible pour ma part, je suis trop dépendant des échanges avec mon prochain l'humidité constante des marécages auxquels je les avais exposés, doublèrent de volume au point qu'il me fut impossible plusieurs jours durant de renfiler mes rangers. Loin en aval, j'atteignis un autre village après dix jours de marche au flanc de la rive droite du Yukon avant de m'y effondrer, avec un genou tuméfié. Tant que le corps du voyageur à pied sait qu'il n'a d'autre recours que le puits ou le campement annoté sur sa carte, d'autre refuge que le village où il a prévu de se réapprovisionner, il est si vaillant qu'à quelques heures de son arrivée il ne peut imaginer le marasme qu'il connaîtra au réveil le lendemain. Toute-puissance du psychisme ! Personne ne marche par le seul pouvoir de ses pieds.

Le voyage à pied est, à l'exception de l'affût dans lequel se tiennent les chasseurs et les naturalistes, le meilleur moyen d'observer les animaux. Rien n'est plus feutré que la progression du marcheur solitaire à couvert ou sur les crêtes, parce qu'il se sait partie intégrante du milieu qu'il traverse. Il boit l'eau des sources qu'il dépasse ou des torrents qu'il franchit, grappille les fruits

Surtout, il ne possède ni n'utilise de moyen de transport moderne bruyant.

et les baies en chemin, cherche l'ombre sous les frondaisons quand il fait chaud ou l'abri sous un rocher dans la tourmente comme le fait le gibier, est guilleret comme la mésange sous l'éclaircie et inquiet comme l'hirondelle avant l'orage. Il cherche un recoin pour sa tente à la nuit comme le cerf cherche sa remise, sec mais pas trop loin de l'eau qui court, à l'écart mais avec vue sur le paysage, si possible orienté à l'est pour que le soleil l'illumine au réveil. Quiconque affronte un terrain qu'aucune piste humaine ne traverse en vient très vite à emprunter – *empreinter* – les mêmes itinéraires que le gibier, qu'il soit cervidé – cerf, caribou ou orignal –, caprin – chamois et mouflon –, canin – loup ou renard – ou surtout ursin – grizzly ou baribal.

La seule différence entre une piste humaine et une coulée animalière est que cette dernière est plus étroite et qu'en aucun cas l'animal ne la déblaie des branches ou des obstacles qui l'encombrent en prévision de ses passages ultérieurs. Pour le reste, elle témoigne d'une intelligence du terrain tout à fait similaire. Il s'agit pour la bête comme pour l'homme de contourner un éboulis, d'éviter un ravin, de trouver le meilleur gué, d'utiliser au mieux les clairières et les trouées dans la végétation, de dominer autant que faire se peut les autres passées, de pouvoir inspecter ici la rive d'un cours d'eau, là un parterre de myrtilles, ailleurs un bosquet de saules, sans s'exposer plus que nécessaire au regard et à l'envie. Le sentiment inédit que connaît le marcheur en terre de grande faune est qu'il pourrait y croiser un prédateur – ours, lion, puma ; il partage dès lors la crainte que connaît toute proie potentielle.

Ainsi, on ne saurait traverser impunément des mois durant une terre à ours sans avoir en permanence présente à l'esprit l'éventualité d'une rencontre. Parfois, l'encombrement du terrain met tous les sens en alerte ; souvent même l'odeur *sui generis* du plantigrade imprègne encore les branches que comme lui on repousse en passant. Ses étrons énormes et encore frais, la trace de ses griffes dans l'écorce des arbres, les herbes couchées par son passage sont autant d'indices qu'il n'est sans doute pas loin, qu'il vient peut-être de passer. Il m'est arrivé de croiser un ours brun, accablé comme moi par la pluie continuelle, de la manière la plus courtoise qui soit. Nous étant arrêtés à 12 mètres l'un de l'autre pour nous dévisager, nous entreprîmes juste de nous écarter légèrement, chacun par sa droite, de la sente animalière où, à cet instant, nous n'avions pas la moindre intention de nous chercher noise, pour poursuivre aussitôt tête baissée notre cheminement taciturne. En réalité, l'expérience aidant, il m'apparaît qu'il y a moins de risques à fréquenter la gent ursine qu'à remonter la piste des petits éléphants côtiers du Gabon ou à camper sur les hauts de la cordillère des Andes que hante le puma. Plantigrade, omnivore, l'ours est réellement, plutôt que l'ennemi de l'homme, son magnifique cousin va-nu-pieds.

Il faut en convenir, la marche n'exercerait pas le même attrait si elle n'était pas, jour après jour et de manière fortuite, rehaussée par l'observation des plantes et des animaux, des plus courants aux plus rares, des plus humbles aux plus spectaculaires. Un lys martagon déploie sa corolle quand un sabot-de-vénus retient encore la sienne, un houx séculaire marcotte tandis que se dressent des douglas au faîte indiscernable à travers leur houppelande d'épiphytes ; deux libellules s'accouplent, une salamandre prend le frais, des louvarts se poursuivent, un ballet de percnoptères tournoie dans l'air. Quel bonheur que de marcher dans un concert de grillons ou de s'endormir dans l'effrayante cacophonie des crapauds-buffles ! Comme j'ai souvent regretté de ne pas avoir eu un grand-père qui m'aurait initié aux mille secrets de la nature que j'ai parcourue, ou un ami qui m'aurait appris les noms savants des plantes que j'ai foulées, et le détail des mœurs des bêtes que j'ai aperçues ! En dépit du temps qu'il est amené à passer au-dehors, de sa familiarité avec les éléments et le terrain, de son empathie pour les animaux, insectes compris, qui fait qu'à tout moment il refrène ou allonge le pas pour ne pas écraser un bousier ou perturber une colonne de fourmis, le marcheur, obsédé par l'espace qu'il s'est donné à arpenter, la distance à franchir, engoncé parfois dans ses pensées comme dans son vêtement de pluie, ne devient pas forcément le meilleur des naturalistes ; en revanche, il développe comme nul autre sa faculté de perception et d'émotion.

Il se rapproche de la Nature alors que la société de conso nous en écarte. Quel dommage

De même que la marche permet de mieux observer la nature, elle permet de mieux comprendre les hommes. Il n'est guère de journée où le voyageur à pied, en zone rurale notamment, ne décèle d'anciens gestes liés au terroir et à la glèbe. Il n'est pas besoin pour cela d'arpenter l'*altiplano* argentin, la savane de la vallée du Rift ou le delta du Mékong : la vieille Europe suffit. Un Sâme tresse des écorces de bouleau sur le seuil de son abri d'été ; une Moldave baratte devant son étable ; un Kosovar ramasse des châtaignes ou des glands pour sa subsistance. Et la vie des bergers, des bûcherons, des pêcheurs et des chasseurs s'entrouvre spontanément au passant. J'ai ainsi le souvenir d'avoir conversé une heure durant, assis à l'ombre en bordure d'un talus, avec un Slovaque qui revenait d'une journée de fauchage, et, ailleurs dans la *puszta* hongroise, d'avoir partagé, sur une nappe posée au-dessus d'un parterre de paprika, la collation méridienne de la brigade d'une coopérative. Et que dire, au mois de septembre, des alambics qui, derrière tous les enclos de planches, distillent, de la Pologne à la Grèce, la *slivovitsa*, la *tsuica*, l'ouzo ou le raki ? De la cordiale invite à déguster la cochonnaille qui se prépare entre voisins des bords de la Vistule, ou les hérissons rôtis à la broche par une communauté tsigane du Rhodope ? Niglou !

Tout voyageur aime le foisonnement des mots de la géographie. Je n'entends pas par là les termes techniques qui permettent de décrire un paysage – évent, dyke, diaclase, planèze, verrou glaciaire –, même si d'eux se dégage aussi une énigmatique beauté, mais plutôt les noms propres des lieux ou des contrées traversés. Si, dans ma prime jeunesse, les mots Pérou, Birmanie et Afghanistan résonnèrent d'abord comme des clés d'appel au rêve, c'est le trésor toponymique des anciennes provinces gréco-romaines qui brilla ensuite dans mon imagination : la Cyrénaïque, la Bithynie et la Lydie, la lointaine Colchide, la riche Sogdiane et la mystérieuse Gédrosie qui vit le retour de l'armée d'Alexandre. Et lorsque, parvenu dans le Balouchistan pakistanais en bordure du Makran, je goûtai l'eau de la rivière Hingol qui désaltéra les Grecs, découvris d'anciennes tombes aux motifs zoroastriens que personne ne semblait jamais avoir recensées et le sanctuaire hindou d'Hinglajmata, abandonné depuis la partition de 1947, le toponyme de Gédrosie prit véritablement chair en moi. Il n'est du reste pas besoin de convoquer les noms mythiques de l'Antiquité pour rêver de pays merveilleux ; ceux des vieilles provinces et des terroirs français, avant le froid baptême des départements et des régions administratives, sont puissamment évocateurs : Saintonge, comtat Venaissin, Rouergue, Comminges, Cisalpine, Vermandois...

Des noms plus contemporains enfin possèdent un charme, une couleur – presque un *goût* – qui sont liés à un souvenir, une personne, une impression parfois indépendants de la connaissance effective que l'on a des lieux en question. Si j'aime le mot Mercantour, c'est en raison du loup qui y réapparaît depuis le début des années 1990. Le massif de la Chartreuse, parce qu'un aumônier que j'appréciais avait choisi d'y reclure dans un monastère sa vie d'interrogations mystiques. Les Écrins, du Valgaudemar au Désert-en-Valjouffrey – le bien nommé –, du plateau d'Emparis aux contreforts de la Meije, avant tout parce qu'ils sont le joyau scintillant des Alpes françaises. Le Vercors en revanche, j'en aime le nom à cause de l'expérience physique que j'en ai, pour l'avoir maintes fois intégralement parcouru, du doigt du Glandasse à l'aiguille de Die, du cirque d'Archiane au Grand Veymont.

La prononciation locale des toponymes est d'ailleurs l'un des grands défis et l'une des grandes joies du marcheur. Lorsque des Américains demandent à Paris comment se rendre à *Verzaillès*, avons-nous vraiment envie, si tant est que nous ayons compris, de leur conseiller le meilleur itinéraire pour se rendre au château du Roi-Soleil ? Il en va de même en voyage : sous peine de s'égarer, celui qui avance par ses propres moyens doit faire preuve d'attention dans la prononciation des lieux qu'il désire gagner. Pour être sûr d'être compris mais aussi parce que Kajaani (prononcer *Kayaani*) en Finlande, Purmamarca (bien rouler les *r*) en Argentine ou Qalat al-Hosn (bien moduler le *qâf*) – le crac des Chevaliers – au cœur des montagnes syriennes sont des mots d'une beauté incomparable dans la bouche des autochtones. De même que le premier égard porté à une personne est de prononcer correctement son patronyme, le premier respect à porter à un lieu que l'on souhaite atteindre est de savoir articuler son nom local. À l'heure des déplacements illimités – que seul semble pouvoir infléchir le coût des produits pétroliers –, il y a de la singularité à vouloir vraiment se rendre dans un endroit précis. À ce que ni les offres de dernière minute ni les prix discomptés ne soient à l'origine du voyage. Et le désir passe par la reconnaissance mutuelle, et la reconnaissance mutuelle par la langue, et la langue et son génie par la prononciation vigilante, à défaut d'être toujours correcte, du toponyme.

intégrer pour s'imprégner

C'est d'ailleurs une particularité du voyage à pied que les noms des lieux traversés s'inscrivent durablement dans la mémoire, parce qu'ils sont toujours reliés en chapelet à ceux qui les précèdent et à ceux qui les suivent. Lors d'un parcours en voiture ou en car, la succession des lieux se brouille parfois dans le souvenir, tandis qu'un voyage à pied rend tout télescopage impossible, parce qu'on se remémore chaque élément rappelant que la visite s'est inscrite en telle saison,

Et c'est le temps qui me fait défaut...

dans telles conditions intérieures et extérieures. De 1984 à 1986, j'ai marché 13 000 kilomètres à travers l'Europe du Nord, de l'Est et du Sud, et je pouvais, jusqu'à il y a peu encore, réciter dans l'ordre, sans la moindre confusion, toutes les bourgades et régions traversées, chacune étant associée dans mon souvenir à tel ou tel événement personnel et sensible : il commençait à geler dans le Bohuslän quand je parcourus la Scanie embrasée par les derniers feux de l'automne ; la police norvégienne de Bodø m'arrêta au sortir du glacier Svartisen que j'avais traversé à skis ; les tracas administratifs que j'avais subis à Timisoara, qui faisaient suite aux démêlés frontaliers depuis Kikinda, en Voïvodine, m'incitèrent à franchir les Carpates du Sud ; rejoignant le monastère de Megaspileon depuis Delphes et son port d'Itéa, je connus la neige en Arcadie avant de retrouver la maturité des agrumes en Argolide… Tout est lié en un fil continu d'impressions dans un voyage à pied : nul saut de puce comme en avion, nulle césure comme en train ou en autocar, moyens de transport qui font passer vite et sans transition de la montagne à la mer, et de la forêt au désert.

Quand on marche, chaque lieu est désir et attente de l'esprit, victoire du corps et de la volonté.

Dans les régions où le piéton, en l'absence de pistes établies, constitue jour après jour le tracé de sa route, un autre élément vient figer de manière indélébile les souvenirs : la carte. Quiconque a hésité sur l'endroit où franchir une rivière à la nage ou une zone de marécages, sur la traversée d'un massif montagneux ou d'une région déserte, sur le ralliement d'un puits ou d'un hameau habité, quiconque s'est posé ces questions sur la carte et les a progressivement résolues par sa consultation journalière, se rappellera *ad vitam* en la revoyant les menues péripéties, les joies, les souffrances et les paysages qui y sont attachés et jusqu'aux lieux de bivouac sur son itinéraire. Je suis ainsi capable de reconstituer jour après jour, en esprit plus encore que par mes notes, deux ans et demi de traversée à pied, en kayak, à skis, à la rame et à l'aide de chiens de traîneau du nord-ouest de l'Amérique du Nord. Et la moindre des cinquante-cinq cartes que j'ai utilisées pour en écrire les deux récits détaillés me parle comme me parlerait le plus précis des journaux de bord, qui ne servent le plus souvent qu'à consigner les circonstances des rencontres et non les points qui ont jalonné l'itinéraire. De même que la consultation des atlas est un constant appel à prendre le large, la consultation de la carte est un constant rappel de l'euphorie du *grand dehors*.

L'un des immenses privilèges du voyage à pied est de permettre à celui qui s'y adonne de goûter pleinement l'ivresse d'avoir parcouru un territoire à la seule force de ses mollets et de sa détermination, de lui offrir le sentiment gratifiant d'avoir été le seul artisan de la découverte d'un paysage ou d'un écosystème. Deviner dans le ciel voilé du matin les confins où l'on sera rendu au soir ; apercevoir derrière soi, dans la forte lumière de midi, le lieu d'où l'on est parti au matin et, devant soi, celui où l'on parviendra à la nuit ; dans la sérénité du crépuscule, se dire que la veille on avait campé là, en ce point quasi indiscernable à présent, et qu'on s'y trouvait encore à l'aube. Puis, sans plus songer à la fatigue, à la chaleur ou au froid, à la faim ou à la soif, oser penser qu'en poursuivant jour après jour de la sorte on serait pratiquement en mesure de faire, pas après pas, le tour de la planète.

S'il est une région du monde où cette impression de domination du paysage est forte, c'est bien, dans l'Extrême-Orient russe, la péninsule du Kamtchatka. Longue de 1400 kilomètres et large d'environ 400 au maximum, elle se hérisse et se boursoufle de quelque trois cents volcans, dont une trentaine sont actifs. Du sud au nord, le voyageur y connaît la joie de bondir de cratère en cratère aux consonances plus exotiques les unes que les autres. Pentes encombrées de l'Ilinski, lacs enchâssés du Ksoudatch, silhouette éventrée du Khodoutka, citadelle du Moutnovski, cône tronqué de l'Avatchinski, masse charbonneuse du Karimski, protubérance du Maly Semiatchik, allure cubique du Kracheninnikov, pyramide parfaite du Kronotski, glaciers suspendus du Tolbatchik, candeur altière du Klioutchevskoï – le plus haut volcan actif de l'Eurasie. Jour après jour, le promeneur évolue dans un décor planté d'immenses sentinelles qui, loin de paraître menaçantes, forment autant de balises qui viennent matérialiser – quand le ciel est clair, et Dieu sait que le brouillard est fréquent au-dessus de cette langue tirée entre les mers d'Okhotsk et de Béring ! – la progression sur le dos d'une contrée où le terrain, en l'absence de pistes autres qu'ursines, est rugueux comme à l'aube des temps. Les volcans, qui chaque année connaissent pour l'un au moins d'entre eux de dangereuses poussées éruptives, sont aussi de formidables alliés pour le voyageur qui, sur leurs flancs dévastés par les explosions récentes, s'affranchit du *stlannik*, ce maquis impénétrable du fond des vallées, des moustiques qui pullulent dans les basses terres et de tous les cours d'eau difficiles à franchir. Lorsque l'élément géologique le plus redouté devient un auxiliaire, l'homme qui marche tend à se croire une créature favorisée par les dieux, en connivence avec les secrets les plus mystérieux de la Création, en osmose avec les humeurs de Gaïa.

Qui aime voyager devrait faire au moins une fois l'expérience de s'aventurer loin sans billet de retour, sans même la moindre date de retour. Et qui part à pied devrait aller jusqu'au bout de son désir d'horizon, jusqu'à étancher sa soif de solitude et de rencontres, épuiser toute velléité d'itinérance. Ce qui fait le charme du voyage est d'échapper à la routine ; le charme du voyage à pied, de s'ouvrir à l'inconnu. Aussi une telle entreprise paraît-elle incompatible avec un parcours de reconnaissance ou un dépôt logistique, une liaison satellite ou une adresse de contact. Le voyageur n'est jamais si mal reçu que par quelqu'un en qui il a placé trop d'espoirs, qu'ils soient de repos, de conversation ou d'amitié. C'est l'imprévu qui fait l'excitation du voyage à pied, et c'est s'abandonner à lui qui transforme parfois un aléa en douceur, une avanie en félicité, au point qu'il est alors possible de goûter la sérendipité, ce bonheur que l'on ne cherchait pas mais qui est donné à l'improviste et de surcroît.

Vous est-il déjà arrivé de brûler vos chaussettes en les faisant sécher sur le poêle d'une cabane, de marcher pieds nus dans vos chaussures, au plus fort de l'hiver qui fait s'accumuler la neige au-dessus de vos guêtres, et de trouver dans la suivante, lisse, vide, une grosse paire de chaussettes de laine sèches posée sur le châlit ? Alors que vous êtes depuis des jours rincé par la pluie et subissez encore l'averse, d'envisager un raccourci avant le col qui vous fera pénétrer à nouveau dans la forêt ruisselante et de tomber sur une cabane ouverte, regorgeant de provisions, dotée d'un bon poêle et même d'un sauna ? D'être survolé par un monomoteur qui vous largue votre courrier avant que son pilote ne se décide à se poser dans le vent sur l'estran pour vous encourager avec une boisson de sa réserve ? De trouver un mot à votre intention dans une cabane isolée, à laquelle personne n'accède jamais autrement qu'en hydravion, qui vous souhaite un bon repos et vous enjoint d'entamer sans scrupule les vivres en stock ? De tomber, dans une région vaste comme un département français, sur le seul campement d'éleveurs nomades qui s'y trouve, alors même qu'on vous l'avait marqué sur la carte à plusieurs dizaines de kilomètres de là ? Et cette providence – mais, comme le dit l'adage : « Il faut tout faire comme si la providence n'existait pas » –, est renforcée par la générosité des hôtes de hasard.

Il pleut, il pleut sur la campagne du Schleswig-Holstein en ce matin de juillet. J'ai quitté la grange éventée où je me suis abrité pour la nuit et marche à travers champs, plongé dans mes pensées et emmitouflé dans ma cape de pluie. Pour me donner du courage, pourquoi ne pas chanter ? La campagne allemande résonne des airs que, juste démobilisé, j'ai appris à l'Infanterie de marine. Au large d'une ferme, j'entonne « La Madelon », qui, sous les fenêtres closes à cette heure, rivalise avec le bruit de la pluie drue. Et voilà qu'au bout d'un chemin de terre, une dizaine de minutes plus tard, un homme me rejoint à vélo et me tend un sac de sandwichs, en ajoutant, la voix encore enchifrenée : « Je t'ai entendu chanter et je me suis dit qu'un compatriote, égaré dans ce coin perdu par un temps pareil, devait avoir besoin d'un casse-croûte. » Et Yves R. de m'inviter à m'abriter dans la maison de ses hôtes pourtant endeuillés. Maison où Jutta von K., digne aristocrate, me donne l'adresse d'une de ses amies polonaises, à Gdansk où, en dépit de l'annonce précoce de mon arrivée, je ne parviendrai qu'après avoir traversé la péninsule Fennoscandinave à pied et à skis l'hiver durant. Gdansk où mon hôtesse de fortune me transmet le nom d'un de ses amis à Torun, l'antique cité de Copernic, où, en tant qu'avocat, il plaide dans le procès du meurtre du père Popiulesko qui agite alors son pays. Torun où l'on me confie une adresse à Zakopane, dans les Tatras. Tatras où je croise des étudiants hongrois qui m'accueilleront une semaine durant à Budapest. Budapest où m'est remis le secret d'un toit accueillant en Grèce. Et c'est ainsi que se déploya une chaîne d'hospitalité parce qu'un matin de juillet, j'avais chanté sous la pluie dans la campagne allemande... C'est cela le voyage à pied : l'imprévu, l'inattendu et, dans l'état de fragilité et de dépendance où il place quiconque s'y livre sans retenue, l'incroyable enchaînement des causes et des hasards, et la profusion des rencontres qui leur sont liées.

La marche, la marche solitaire surtout car, même à deux, on en vient vite à se suffire à soi-même, pousse l'allochtone qui s'y livre à se porter vers l'autochtone. Ce dernier renseigne, met en garde – souvent de manière exagérée, car il craint confusément d'avoir votre disparition sur la conscience –, accueille, nourrit. Toutefois, et il ne faut guère se leurrer à ce sujet, il répond rarement aux attentes culturelles, voire psychologiques, que peut avoir le visiteur à son égard. Il est en effet rarissime en voyage, pour qui fait étape là où, encore une fois, la fatigue et le mitan du soir l'amènent à le faire, de rencontrer des personnes qui sont des clés de compréhension de leur propre tribu, ethnie ou nation. Très souvent, l'hôte vous apprend ce que dès vos premiers jours dans le pays vous avez compris ou deviné. Que « thé » se dit *tchaï* – le mot n'est-il pas quasi universel ? –, que l'on est hindou ou musulman, que le portrait qui trône au-dessus de l'âtre est celui du président, qu'ici vous êtes en sécurité mais qu'un peu plus loin, dans la vallée ou le pays suivant, il vous faudra être attentif... Ensuite, il sera fait mention de la tour Eiffel, d'Alain Delon et de Zinédine Zidane plus souvent que des richesses artistiques, des spécificités culturelles ou des enjeux politiques du pays où l'on se trouve.

Pourtant, curieusement, il est maintes circonstances où l'apprentissage culturel devient secondaire par rapport à l'apprentissage humain. Si j'ai eu la chance d'être hébergé, à la périphérie de Gand, par l'ingénieur en chef chargé de la restauration du centre historique, de séjourner au mont Athos auprès d'un moine orthodoxe d'origine allemande ou de visiter Louxor avec des archéologues français, je considère comme une chance plus grande encore d'avoir été initié à la vie bédouine par un berger et son fils dans le Wadi Rum jordanien ou à la vie eskimo par un éleveur de rennes sur la rive américaine du détroit de Béring. Et parce que voyager à pied signifie d'abord pour moi l'immersion d'un homme seul dans la nature sauvage, à la rencontre de populations isolées, je garde moins précieusement le souvenir d'une savante discussion dans une capitale européenne que de la clairière exiguë de Finlande où je parvins un soir de mars, là-haut, tout là-haut dans l'Oulun lääni, dont le nom riche en voyelles chante comme le cygne de Tuonela ou l'épopée du *Kalevala*. Alors qu'à 4 heures du soir à peine la nuit tombait sur la taïga, c'est sans grand espoir d'entendre une voix humaine que dans la neige profonde je dirigeai mes pas vers une isba, et que j'entrai comme Boucle d'or dans la maison des trois ours. Un couple surgit, vieux, petit, lui barbu, elle couverte d'un fichu, qui m'invita à entrer dans l'unique pièce au fond de laquelle trônait un poêle en céramique semblable à celui où paresse tout héros de conte russe qui se respecte. Les deux vieillards s'empressèrent de le rallumer pour réchauffer quelques pommes de terre, cultivées par 68° nord dans la clairière attenante. Sur la table, une miche de ce pain noir auquel l'étranger doit habituer son estomac dès l'entrée dans le Suomi. Nous n'avions pas un mot en commun. Je ne connaissais même pas encore le vocabulaire usuel ; ils ne parlaient pas la moindre bribe de la moindre langue étrangère, et sans doute usaient-ils de surcroît d'une forme dialectale du finnois. Pourtant, toute la soirée, dans notre désir d'échange, nous parlâmes chacun dans sa langue maternelle et nous nous comprîmes. Grâce à la disponibilité d'esprit où les avait mis leur isolement hivernal, grâce à la réceptivité suraiguë qu'avait développée en moi une longue marche, nous percevions comme par magie les vibrations de la langue de l'autre sans en connaître le moins du monde ni le vocabulaire ni la grammaire. Aussi lorsque, peu avant minuit, il s'agit de se coucher, mes hôtes, sans quitter leurs vêtements du jour hormis leurs bottes, me proposèrent de dormir entre eux deux, dans leur lit fort étroit. Tandis que ronflait le poêle qui surchauffait la pièce, je repensai à tout ce que nous nous étions dit, à tout ce que, inexplicablement, j'avais compris de leur existence. Si neuf mois de marche ne m'avaient pas dépouillé de mes repères ordinaires, si l'effort et la nature n'avaient pas simplifié et concentré mes pensées, si la solitude n'avait pas donné tout son prix à la rencontre, qu'aurais-je donc saisi de ce que mes hôtes ce soir-là avaient voulu partager de leur vie ?

Il ne faut pas croire que celui qui vit de manière sédentaire et sait par avance où il dormira et ce qu'il mangera au soir, ce qu'il fera et qui il rencontrera le lendemain, puisse en un tournemain, par la seule vertu d'une clé qui tourne dans la serrure, se transformer en nomade. Car devenir ou redevenir itinérant, c'est d'abord craindre de ne pas trouver le gîte et le couvert, c'est s'exposer aux aléas de la météo, redouter une blessure ou une maladie. C'est en somme remettre en jeu son existence routinière, sa condition physique et la puissance de sa volonté. C'est, à défaut de la solitude, bien souvent connaître l'éloignement des siens. Pourtant, cette situation d'incertitude où vous plonge le début du voyage à pied s'estompe au fil des deux premières semaines, lorsque, jour après jour, sans même, vous semble-t-il, que vous ayez déployé des efforts particuliers, vous parvenez à vous nourrir sur le terrain, à faire étape, à échanger quelques mots dans la langue locale. Passé un mois de route, surtout s'il n'a pas franchi de frontière, le marcheur est comme un poisson dans l'eau. Son corps s'est endurci, est devenu indifférent aux intempéries, et son esprit, tout à la joie de la vie vagabonde, ne fait plus qu'un avec le milieu qui l'entoure et *comprend sans effort le langage des fleurs et des choses muettes.*

C'est alors que, affranchi des préoccupations matérielles, de la crainte de l'étape ou du lendemain, le voyageur entre véritablement de plain-pied – c'est le cas de le dire… – dans son voyage, devient ivre de sa propre liberté, avide des horizons qui s'offrent sans cesse à sa curiosité. Il en vient à ne plus sentir de limite à sa propre résistance physique, de faille à sa propre audace.

Et, de fait, les circonstances l'amènent parfois à se surpasser. Qu'il s'agisse de franchir 65 kilomètres d'un trait pour atteindre la poste d'Ostende avant la fermeture dominicale afin d'y retirer du courrier en poste restante, de marcher une journée sans boire dans les oueds à sec du Yémen en n'ayant qu'une poignée de dattes à mâcher, ou de fouler jusqu'au petit jour les sables du Nagar Pârkar, à la frontière indo-pakistanaise... L'adversité la plus grande, c'est pour ma part dans le Grand Nord que je l'ai connue. Vingt-quatre heures de lutte pour échapper aux gifles d'un vent tourbillonnant au flanc d'un volcan dans la péninsule de l'Alaska, traversée de torrents et de jungles coupant des vallées interminables, jours entiers passés dans les marécages au moment de l'embâcle, quand la glace cède encore sous le poids d'un homme, huit jours sur la banquise instable et imprévisible du détroit de Béring, avec force passages à l'eau par –45 °C de température extérieure... Il est des moments où l'instinct de survie pousse à déployer une énergie qui, si elle n'est pas surhumaine, peut sans aucun doute être qualifiée de bestiale.

Le paradoxe qu'éprouve le voyageur à pied réside dans le fait que plus il s'éloigne de l'humanité, pour quitter les destructions qu'elle a infligées à la nature – pollution, urbanisation, réseau routier, lignes à haute tension, canalisations – et pour retrouver le monde sauvage, l'arpenter et y subsister, plus l'humanité lui redevient estimable et finit par lui manquer. Affronter les dangers du terrain et l'âpreté du désert, de la taïga ou de la toundra, s'exposer au risque des rencontres animalières et de la furie des éléments, connaître la solitude à cent lieues de toute habitation est mentalement très exigeant. Plus encore, il est à la fois exaltant et épuisant d'être à tout moment l'unique responsable de chaque acte que l'on décide, au point que l'on hésite à sauter du plus modeste caillou pour ne pas risquer de se fouler la cheville, que l'on mûrit l'heure et le lieu de franchissement d'un cours d'eau, que l'on anticipe, avant que le vent ne forcisse, l'enfilage d'un autre vêtement ou d'une seconde paire de moufles, que l'on économise scrupuleusement ses provisions et que l'on veille de manière quasi obsessionnelle à ne pas écraser sa boussole ou laisser sa carte s'envoler.

Cette hyperconscience des gestes que l'on effectue et des choix pour lesquels on opte, cette remise en question de la place que l'on occupe dans le milieu au sein duquel on évolue, dont on peut seul s'extraire sans l'aide de rien ni personne, font à la fois la grandeur et la fragilité du voyageur à pied. En proie à l'isolement qu'il s'est imposé, il en vient à reconsidérer d'un œil neuf les inconvénients de la vie en société, à regretter la chaleur du foyer et la sécurité d'un toit. Après cinquante jours de périple en terre d'Ellesmere, dans le Grand Nord canadien, sans l'observation sur terre, sur mer ou dans le ciel du moindre signe de présence humaine autre qu'une cabane et un campement inuit abandonné – imagine-t-on en quels lieux de solitude on peut ne pas observer le passage d'un avion cinquante jours durant ? –, la vue d'un fût de carburant rouillé sur un rocher constitua pour mon compagnon de voyage et moi-même une émotion intense avant que les maisons préfabriquées et sans charme du hameau de Grise Fiord n'incarnent à nos yeux la victoire de l'homme sur l'impitoyable univers du haut Arctique.

Je compris alors pourquoi la plupart des Iñupiat du détroit de Béring laissaient sans scrupule leurs détritus sur la toundra ou les lançaient par-dessus bord en mer : la vue de cette immonde canette ou de cette bouteille brisée redonnerait peut-être le sursaut de courage qui permettrait à l'homme égaré dans le blizzard de prendre encore sur lui pour s'acharner à survivre et à atteindre un point habité. Quand on se met à apprécier la vue fortuite des artefacts que l'on a fuis, on devient semblable à Zarathustra qui, après dix années de solitude, s'estimant rassasié de sa sagesse solipsiste, décide qu'il est temps de redescendre vers les hommes, avec lesquels il se trouve réconcilié.

Tout voyage à pied est une forme de pèlerinage, car le piéton, par la constance de l'effort qu'il fournit, tend à magnifier la destination qu'il s'est fixée, au point qu'elle en vient à revêtir une dimension d'ordre spirituel. Le lieu visé est, de fait, libérateur, au sens où l'atteindre libère le marcheur du désir qui l'étreignait, voire du vœu que, sans se l'avouer pleinement, il avait formulé de le gagner par ses propres forces. Le but atteint marque la fin de l'itinérance « sacrée » et, d'une certaine manière, le retour à la vie « profane ». Lorsque les jacquets du Moyen-Âge partaient pour Saint-Jacques-de-Compostelle, ils n'hésitaient pas à braver les dangers – gués, intempéries, détrousseurs de grand chemin – pour rallier, au bout de la Galice, à quelques pas du cap Fistera – le finistère de l'Espagne –, le tombeau présumé de l'apôtre Jacques. Puis, ayant mis leurs pas dans ceux de leurs prédécesseurs, après avoir acquis quelques saints mérites, ils refaisaient le chemin en sens inverse pour rentrer chez eux. À l'aller, ils idéalisaient le lieu sacré ; au retour, ils devaient probablement rêver des retrouvailles avec leur foyer, leur famille, leur confrérie ou leur corporation, pensant peut-être aussi au prestige qu'ils retireraient de leur expérience.

Aujourd'hui, grâce aux facilités de télécommunication – qui permettent d'annoncer qu'on est arrivé – et de transport – qui permettent de rentrer en une nuit de train ou quelques heures d'avion –, il paraîtrait sans doute fort éprouvant au jacquet de se voir condamné à effectuer à pied le trajet de retour. Toutefois, un tel parcours permettait d'envisager sereinement la suite, c'est-à-dire sa propre réintégration dans le tissu familial et social ou dans la vie économique. Car atteindre le but au long cours que l'on s'est fixé est une brisure. Alors que la vie s'ordonnait selon un registre simplifié – marcher jour après jour dans une direction –, elle réapparaît dans toute la complexité des relations et des contraintes qui la ramifient. La parenthèse du voyage est difficile à refermer. Affranchi de la fatigue physique et de la tension vers l'objectif, le voyageur retombe dans les conflits du monde et l'amertume diffuse de l'individu qui ne maîtrise plus complètement sa vie.

Le voyage à pied relève aussi d'une forme d'ascèse, qui rapproche celui qui l'entreprend de la démarche pérégrine. Marcher au long cours signifie renoncer au confort. Il paraît difficile de constituer un sac à dos qui pèse moins de 12 kilos tout en offrant une autonomie suffisante. Que l'on y enfourne une tente, un duvet, quelques vêtements de rechange, une tenue de pluie, un peu de documentation et, si l'on en a le goût, un appareil photo, et l'on est déjà rendu à ce poids. Ajoutez-y celui de l'eau dans la gourde et de la nourriture, et vous voilà bientôt avec 18 kilos sur le dos. Dès le retour de la saison froide, le seuil des 25 kilos, avec les équipements nécessaires pour l'affronter, est vite atteint. Dans son obsession de s'alléger, le piéton opère des choix qui influent de manière drastique sur ses conditions de confort. Si l'on considère qu'une tente est trop lourde, on choisira un abri de bivouac, voire un simple sursac, et l'on connaîtra alors de longues nuits à grelotter sous la pluie. Si l'on estime que, sous la tente exiguë, le réchaud est trop dangereux à utiliser et que cuisiner au-dehors fait perdre plus de calories que cela n'en fait gagner, on mangera toujours froid et se passera de boisson revigorante. Si l'on n'a pas de sandales, on restera au campement prisonnier de ses godillots mouillés. Certains préféreront se priver qui d'une paire de lunettes de soleil et d'un couteau suisse, qui d'un bâton ou d'une lampe frontale. Quoi qu'il en soit, on ne pourra en permanence avoir un jeu de vêtements chauds et secs et disposer de tous les menus objets de la vie sédentaire qui permettent de retirer une écharde du doigt, de bander un genou, de réparer une sangle ou de recoudre un vêtement, de se protéger les oreilles ou le cou. Il faudra immanquablement accepter de faire des choix, c'est-à-dire valider des formes de renoncement.

Toutefois, le dépouillement qui résulte du voyage à pied ne réside pas seulement dans cette pauvreté matérielle : il tient bien plus à l'exposition continue aux éléments. Ce que le baluchon évitait au marcheur, le havresac et le sac à dos – fût-il « technique » et des mieux profilés – ne le lui épargnent pas : ce contact inévitable qui fait que l'on transpire et que toute pause, surtout lorsque le vent souffle, crée un froid glacial dans le dos. Cette sensation inconfortable est renforcée par le fait que, quelles que soient les chaussures utilisées, il est très difficile de conserver les pieds au sec, en raison des gués incessants, des zones de marécage ou tout bonnement de la végétation trempée par la rosée ou par la pluie. L'exposition à l'humidité est la croix du marcheur, son premier pas sur la voie de l'abnégation. L'expérience de la faim et de la soif, la première plus encore que la seconde car l'homme en marche en vient vite à comprendre, dans un milieu autre que désertique, où trouver de l'eau – fût-elle turbide –, constitue la deuxième épreuve.

Et la troisième est que, quelle que soit sa pratique de la randonnée, quel que soit son entraînement, le bipède humain n'est pas, paradoxalement, foncièrement fait pour la marche.

Si les muscles des cuisses se forment à la pratique du vélo et ceux des bras à celle du kayak, au point que franchir 100 kilomètres par jour grâce au premier et 50 grâce au second devient aisé, c'est que ces deux modes de déplacement permettent d'éviter le port du bagage et le contact répété avec les éléments – terre ou eau. Le marcheur, lui, porte ses *impedimenta* sur son dos et reste toujours en contact avec le sol. Le sable du littoral, l'englacement ou le délitement des pentes, les chablis et les racines à nu dans la forêt, les marelles d'herbe ou de sphaignes sur la prairie, les pierres du chemin, l'asphalte de la route : tout concourt à rendre le mouvement de la marche irrégulier et inconstant le rapport avec le sol. Et si le voyageur ne connaît plus guère de fatigue musculaire, s'il dépasse vite le stade des ampoules et des tendinites, il éprouve toujours l'usure du frottement avec la terre qui, de même qu'elle ramène toujours son regard vers le bas, sous peine qu'il ne trébuche, l'oblige en permanence à adapter son pas à la nature du terrain. Le kayakiste peut fixer des heures un cap à l'horizon, le cycliste regarder loin devant lui le ruban de la route ; le marcheur, lui, est sans cesse rappelé à sa condition de plantigrade, si bien qu'il possède de l'espace qui l'entoure une vue plus circulaire mais aussi plus intermittente. De même qu'il n'échappe pas à la précarité de sa condition pérégrine, il ne peut se soustraire à la rudesse du terrain ni aux humeurs de la terre.

Pourquoi alors ne pas préférer le voyage à vélo, à cheval ou en bateau ? Parce que s'il est patent que l'homme n'est pas constitué pour la marche au long cours, si son usage des chemins est aussi son usure en chemin, l'usufruit de la marche est infiniment supérieur à celui que l'on retire de toute autre forme de locomotion. La satisfaction est immense, ineffable, d'être l'âme de son propre déplacement, de le devoir à soi seul et non à des pédales, des éperons ou des pagaies, et de savoir que son opiniâtreté et son endurance permettent de remédier mieux que des rustines ou qu'un calfatage aux inévitables problèmes mécaniques du corps en action et de repousser sans cesse ses propres limites. Il est d'ailleurs curieux de constater à quel point celles-ci vont au-delà de ce que l'on se croyait capable d'accomplir. Le chamois, la chèvre et même le mouton sont adaptés aux terrains montagneux ; en dépit de leur ramure, le cerf et l'élan sont à l'aise dans les taillis et les sous-bois ; le gnou ou la girafe en savane ; le fennec et le renard dans les sables ou la toundra ; le castor sur les berges et le caribou dans les marécages. Chacun de ces quadrupèdes nous surpasse dans son biotope respectif, pourtant seuls le loup, l'ours et l'homme se jouent de tous les milieux et de tous les climats, qu'ils soient poussés par la prédation, par la curiosité ou par le désir.

Il est remarquable du reste de penser que ces trois espèces terrestres ont en réalité la plus grande aire de répartition qui soit. En raison de la dérive des continents qui fait que les masses continentales eurasiatique et américaine se touchent encore presque au nord, alors que la séparation de l'Amérique du Sud, de l'Afrique – Mascareignes comprises – et de l'Austronésie est très ancienne, il n'y a guère de différence d'espèce entre un loup des Asturies et un loup du Minnesota, entre un ours brun de Slovénie et un ours brun du Labrador, à la sous-espèce près. La découverte de cette parenté des espèces est aussi un des bienfaits de la marche, avec celui qui consiste à prendre conscience combien l'application que l'homme déploie lorsque, de gré ou de force, il s'adonne à cette pratique est universelle. Un riziculteur de Cochinchine portant sa palanche à l'épaule, un Sherpa retenant à deux mains la sangle de tête de son chargement, une *cholita* des Andes gagnant le marché avec son baluchon, une femme indienne portant une bassine sur la hanche ou une femme africaine une cruche en équilibre sur la tête : aucun peuple ne méconnaît l'effort de la marche qui, les voies de l'évasion, de l'exil ou de l'exode l'attestent, reste de surcroît l'ultime recours de l'homme privé de liberté.

Pour en finir avec l'idée de pèlerinage, notons qu'il est curieux de constater que la fréquentation des chemins de Compostelle par les pèlerins et les randonneurs, la renaissance du *Tro Breiz* – le tour de la Bretagne – ou le développement relatif des départs pour Rome et Jérusalem s'accompagnent d'une institutionnalisation des voies empruntées et des étapes, alors que la valeur de l'aventure pérégrine tient justement à l'inconnue que représentent jour après jour le moment et le lieu du gîte et du couvert. L'association d'anciens pèlerins hiérosolomytains qui propose au marcheur des adresses de sympathisants pour chacune de ses étapes n'en vient-elle pas à altérer l'idée même de pèlerinage, de même que la création, au début du XXe siècle, des auberges de jeunesse pour favoriser le voyage des jeunes en est finalement venue à les confiner entre eux dans les métropoles et, ce faisant, à les éloigner de la découverte même du pays où ils se trouvent au profit de la fréquentation de toutes les nationalités hormis celle des autochtones ?

Il y a, me semble-t-il, d'autres écueils au voyage à pied. C'est de vouloir à tout prix rendre compte sur-le-champ de ses étapes et de ses rencontres, d'inscrire ses pas dans ceux d'un auguste prédécesseur et, de manière générale, de prétendre donner une connotation humanitaire, écologique, culturelle ou scientifique à son entreprise : trois options discutables.

Il peut paraître louable de rester en contact, *via* la Toile ou la radio, avec sa famille, ses amis ou les écoles de sa commune, voire de sa région, afin de leur faire partager sa propre découverte et son émerveillement. Toutefois, la contrainte qu'impose ce lien, outre le fait qu'elle maintient dans le milieu juste quitté – avec toutes les possibilités d'atermoiements et de retour que cela suppose –, détourne, distrait de l'immersion dans une réalité intrinsèquement différente. Si l'écriture de son journal de bord lorsqu'on est l'invité de marque d'une famille vient priver ses hôtes de sa présence et soi-même d'une partie de l'échange, qu'en est-il alors de la rédaction de considérations destinées à transcrire imparfaitement et sans le moindre recul, à l'usage immédiat d'autrui, l'expérience que l'on vit et la réalité dans laquelle on baigne ? N'est-ce pas comme de larguer les amarres tout en restant perpétuellement en vue de la côte ? Et ce cabotage, l'habitude aidant, n'en vient-il pas à faire redouter à jamais la navigation hauturière ?

Et puis, peut-être par crainte de l'inconnu ou par manque d'imagination, nombre de voyageurs, plutôt que d'inventer leur route, mettent leurs pas dans ceux d'un prédécesseur. Non pas, le plus souvent, un grand-père ou un concitoyen inconnu, qu'il s'agirait ainsi, de manière louable, d'extraire symboliquement de l'oubli, mais un Nicolas Bouvier, une Ella Maillart, Lewis et Clark... Façon de récolter en partie, avant même le départ, le prestige de ces grandes figures du voyage, et de se ceindre au retour le front de leurs lauriers. Il en va un peu de ces personnages tutélaires comme des préfaciers : tout en occultant parfois sa pauvreté, ils permettent de prévendre le produit, livre ou projet, aux libraires ou aux sponsors éventuels. À l'heure de la carte bleue, du GPS, du téléphone portable et des assurances rapatriement, il me paraît prétentieux de penser inscrire ses pas dans ceux de Guillaume de Rubrouck qui, au XIIe siècle, découvrit l'empire mongol, ou des coureurs de bois qui, dès le XVIIIe, traversèrent les immensités nord-américaines. Et que dire de la conquête des pôles, où le prestige est immédiat, quand chaque soir on peut depuis la banquise échanger quelques mots et commander si nécessaire un ravitaillement logistique ou sa propre évacuation.

Il faut raison garder et, si les figures du passé peuvent, par l'exemple de leur abnégation et de leur courage, toujours inspirer un départ, encore faut-il reconnaître que les enjeux ont changé et que, même si le voyageur contemporain peut être aussi méritant que celui du passé, ses conditions d'isolement, d'équipement et d'approvisionnement n'ont plus rien à voir. Bref, que la grande traversée du Jura en hivernale et en autonomie prête autant à sourire que la visite en solitaire de la Patagonie par la transaméricaine.

Plus mensonger encore que de vouloir récupérer une part de l'aura des grands voyageurs d'antan est à mes yeux le fait d'alléguer des motifs humanitaires, écologiques, culturels ou scientifiques pour se mettre en route. Marcher au profit d'une instance charitable quelle qu'elle soit, pour attirer l'attention sur la préservation d'un écosystème menacé, en faveur de la cause de telle population persécutée ou en vue de l'avancée de telle recherche médicale procède d'une intention méritoire mais qui, à l'usage, est vite corrompue par l'objectif de publicité. On exagère ses réalisations pour accroître les dons, on utilise des moyens lourds et bien peu écologiques pour filmer sa progression dans le milieu à défendre, on modifie son itinéraire et sa pertinence pour passer au journal de 20 heures, on fait croire que les données collectées en route apportent une contribution décisive à la connaissance de l'épaisseur de la banquise ou du rôle de la canopée, alors que des équipes et des instruments scientifiques dédiés étudient ces questions depuis des décennies. Plus dangereux encore, les marcheurs ou autres sportifs qui, à grand renfort de tests médicaux avant, pendant et après leur exploit, veulent persuader qu'ils apportent une meilleure compréhension de la nature et de la résistance humaines : l'homme dans le chaud, le froid, l'obscurité, la solitude. Comme si, malheureusement, l'histoire humaine, toutes les histoires des hommes, ne nous avait pas abondamment renseignés sur le sujet. Pour moi, le vrai sens du voyage, et notamment du voyage à pied, est dans l'effort personnel, égotiste, qui consiste à se mettre en harmonie avec le monde – la nature et les hommes. Cet effort inutile ne contribue pas de manière spectaculaire à sauver la planète, mais il présente au moins l'immense mérite de ne pas lui nuire ni de mentir aux hommes qui la peuplent. Car la marche est d'abord, par le dépouillement qu'elle implique, par sa simplicité, une démarche de sincérité.

Comme son dénuement, qui l'apparente plus au vagabond qu'à l'homme en quête, sinon de sagesse, du moins de vérité, cette sincérité du marcheur joue parfois contre lui. Qu'un être se contente d'un sac et de godillots pour équipement, d'un quignon et d'une pomme pour nourriture, du grand air et de larges sourires pour viatiques, n'est-ce pas suspect ? Ce passant n'est-il pas louche ou simplet ? Ne cache-t-il pas quelque chose, lui qui, visiblement, n'a rien à cacher ? Un étranger entouré d'une équipe logistique ou de tournage, cela est clair : il n'a pas à justifier sa démarche, surtout si un dossier de presse s'en charge pour lui. Mais un homme seul sous la pluie, fatigué et affamé de surcroît, cela n'a guère de sens dans une société où la liberté s'exprime par les loisirs, c'est-à-dire par des activités le plus souvent organisées, encadrées, limitées dans le temps et dans l'espace. Car c'est la liberté que revendique le voyageur à pied : sa liberté de mouvement, sa liberté de regard, sa liberté d'esprit. Il n'est pas en week-end ni en vacances : il est en route, sur la route qu'il s'est choisie et qu'il arpente par le jeu de sa seule résolution.

Ce qui paraît difficile à concevoir en Occident l'est tout autant, mais pour d'autres raisons, partout ailleurs dans le monde. Comment le paysan courbé sur son lopin de terre ou le pasteur veillant sur son troupeau pourrait-il croire qu'un être sans travail parvienne à subsister et à abandonner longuement sa famille, ses amis, sa tribu ou son ethnie en somme, sans se sentir immensément seul au monde ? Mort au monde... Il faut donc que le piéton réussisse à faire comprendre à ses interlocuteurs que tel geste, tel détail de l'habillement, telle coutume dont il est à l'instant même le témoin donne une forme de justification à sa venue, à ses efforts, au risque qu'il a pris de venir jusque-là. Et que l'accueil de ses hôtes, celui qu'on lui prodigue à l'instant même, compense par sa chaleur et sa générosité les liens familiaux qu'il a volontairement dénoués. En définitive, que ce n'est pas le voyageur qui porte en lui la justification de son voyage mais qu'à l'inverse c'est le voyage, grâce à l'intensité de l'instant vécu et de la relation établie, qui justifie jour après jour le passage du voyageur.

Il y a si peu de limites à la générosité de l'accueil lorsque le marcheur n'est plus perçu comme un marginal ou un vagabond que la chose en deviendrait gênante n'était la considération suivante : à l'homme rivé à son champ, à son village, à son terroir, le passant apporte des nouvelles du monde. Il vient incarner ce qui, soir après soir, défile à la télévision du coin, qu'elle soit installée dans un café turc ou sous une tente bédouine, dans une buvette du Niger, un troquet du Mékong ou un boui-boui des Andes. L'étranger, par toutes les questions qu'il suscite et celles qu'il pose, provoque une réflexion sur leur propre identité dans les groupes humains où, du fait de la mondialisation, elle n'est parfois plus perçue qu'en termes communautaires, religieux le plus souvent. Toi, le Bédouin, ce n'est pas pour tes Ray-Ban et ta Honda que je te photographie, mais pour tout le reste… Toi, l'Inuit, c'est ton savoir-faire de chasseur qui m'intéresse, pas tes turpitudes en ville. Toi, le Papou, c'est ta parure de tous les jours que j'admire, pas celle que tu t'apprêtes à vendre à l'échoppe. Et ce n'est pas l'une des moindres vertus du voyage à pied que cette obligation qu'il donne de reconsidérer ce que l'on est réellement soi-même, hors de tout réseau d'appartenance ou de contexte social, et, par un effet de miroir, qu'il permette à autrui de percevoir ce qu'il possède ou ce qu'il est que n'est ni ne possède celui qui ne fait que passer.

Que ce soit en France ou à l'étranger, sitôt vaincu l'obstacle crucial du premier regard – un vagabond, un évadé, un proscrit, un voleur, un espion ? –, dès que, plutôt que le carré de pré loin en contrebas ou la grange sollicitée, on vous prie d'abord d'entrer pour vous réchauffer, l'affaire est gagnée. Un verre est offert au marcheur, puis un repas, puis une douche et enfin la chambre du fils absent. Dès lors, il devra faire bonne figure devant ses hôtes, répondre à leur curiosité à son endroit, au sujet de sa famille et de son pays. Il devra parfois aussi subir les albums photos de la maisonnée, une conversation poussive qui ne fait aucune impasse sur le dictionnaire ou tout bonnement les niaiseries de la télévision, mais qu'importe si le journal de bord prend du retard, si avec la fin de la traite ou la venue de voisins la soirée s'éternise, si la familiarité de la veille est oubliée au matin, force est de constater que la méfiance des villes n'a pas contaminé la campagne, que l'hospitalité est souvent spontanée, que les portes et les cœurs s'ouvrent bien plus souvent qu'ils ne se ferment. Que le voyageur à pied, porteur de rêve et d'aventure, reçoit bien plus qu'il ne donne.

Marcher en terrain inconnu a toujours impliqué de s'exposer au risque de s'égarer, aussi les détaillants n'ont-ils guère de souci à se faire : tout randonneur trouve nécessaire, quelles que soient la nature et la difficulté du lieu qu'il s'apprête à parcourir, d'emporter les cartes les plus précises qui existent, que vient désormais compléter le sacro-saint GPS. Il est significatif de rapporter le budget que le voyageur à pied s'alloue pour ne pas se perdre sur le terrain – au point qu'altimètre et balise SARSAT sont parfois aussi de la partie, même dans les régions peu montagneuses – au faible budget consacré à ne pas se perdre dans les âmes. Qu'apporte donc une carte détaillée du Gamo Gofa, la région la plus sauvage d'Éthiopie, traversée par le fleuve Omo, si l'on ne sait pas que les Surma et les Nyangatom, pasteurs nilotiques, s'y livrent des guerres immémoriales pour la possession du bétail ? Il convient parfois de préférer un « Terre humaine » à un « Guide du routard »... Et puis, plus on passe d'une carte à l'autre, plus on multiplie le risque de s'égarer à leur jointure. Plus on s'en remet au GPS, moins on fait attention aux subtiles modifications du milieu, qui corroborent la justesse de l'itinéraire choisi.

En réalité, l'homme qui traverse à pied des régions entières n'a pas de raison de s'inquiéter au sujet de la topographie. Sur la carte au 1/250 000 qu'il a réussi à se procurer, il ne se fie pas, et pour cause, à la cabane ou au calvaire qui ont disparu, à la piste dont le tracé a changé, au nouveau débouché d'une route, mais aux grandes lignes du terrain. Pas aux bras morts ou aux méandres d'un fleuve mais à la ligne de partage des eaux, qui détermine le profil des crêtes et de la végétation, aux points remarquables et aux points culminants. Et pour relier les uns et les autres, quand ce n'est pas à l'orientation de son ombre sur le sol, c'est à la boussole qu'il confie le sens de son déplacement. Mon record en la matière a été de marcher 25 kilomètres durant sur un azimut de 1700 millièmes qui, me faisant passer en bordure de deux lacs de la toundra maritime d'Alaska, me permit d'atteindre dans la brume une cabane de chasse au caribou. En quinze années de crapahutage à travers le vaste monde, je me suis parfois perdu, mais jamais au point de ne pas pouvoir, le soir venu, situer mon campement sur la carte à 5 kilomètres près. Ma propension, qui est celle de tout marcheur, à bivouaquer en des lieux singuliers – dans la boucle d'un cours d'eau, au bord d'un lac ou sous un col – me permet en général d'estimer sans trop d'erreur ma position. Et, au matin, sans même me poser la moindre question, je déroule de nouveau le fil de ma randonnée. Un moment particulier advient aussi parfois : celui où, s'étant imprégné des courbes de niveau et ayant intégré l'orientation générale du terrain, le voyageur ne consulte même plus sa carte pour mieux goûter l'approche de l'étape ;

ici, des empreintes dans le sable ou la boue ; là, une branche coupée ; ailleurs, les traces d'un feu puis, de plus en plus proches, les aboiements d'un chien et la fumée d'un campement...

Comme il ne se passe pas une semaine sans que les médias n'attirent notre attention sur la cruauté de la nature, que ce soit à travers les catastrophes – séismes, ouragans et inondations – ou les drames liés à la chaleur, au froid ou au danger d'un animal ou d'un milieu, il paraît légitime que les citadins ressentent la nature comme hostile, alors même que les gens de la campagne considèrent d'abord tout ce dont ils lui sont redevables. Est-ce à dire que le voyageur à pied, immergé dans la nature, a tout lieu de la craindre ? Lui qui n'a plus ni toit ni porte ni lit pourrait se sentir désemparé lorsque de sombres nuages s'amoncellent et que l'orage approche. Dépassé par la taille des franchissements de rivière à réaliser, par l'épaisseur des forêts et l'altitude des cols. Menacé par la grande faune qui circule et, moins visibles mais plus dangereux, par tous les animalcules qui, loin de pouvoir vous faire mourir d'un coup de griffes ou de patte, vous font dépérir à petit feu. La jolie fougère que vous repoussez du pied cache la tique qui transmet l'encéphalite, le ru auquel vous vous abreuvez le parasite de la giardiase, le cours d'eau qui vous rafraîchit celui de la bilharziose, et que dire des anophèles et des mouches tsé-tsé qui, sous les tropiques, vous exposent aux fièvres récurrentes du paludisme ou de la trypanosomiase !

Quand bien même elles ne sont pas porteuses de maladies, les bestioles qui prolifèrent dans les pays sauvages, d'où aucun pesticide n'est venu les éradiquer, transforment parfois le voyage en combat incessant contre leur agression. La densité de moustiques qui vrombissent dans les mangroves du sud du Vietnam, le nombre de sangsues qui tombent des branches dans la jungle gabonaise me rendront à jamais mémorables mes parcours à travers ces deux milieux – peau boursouflée par les piqûres, paupières gonflées par les succions.

Pourtant, où que le marcheur se trouve, quand bien même le tonnerre gronderait ou la région qu'il traverse se distinguerait par ses températures extrêmes ou son insalubrité, la nature qu'il affronte est aussi celle dont il goûte les bienfaits, la pluie qu'il maudit cache le soleil à venir, et les sables le puits. Et il sait que les insectes sont le signe de la richesse d'un écosystème, qu'ils alimentent des oiseaux, des batraciens et des poissons alors qu'ailleurs, dans les espaces civilisés où on les a exterminés à coup de DDT, telle grenouille rare ou espèce d'eau douce a disparu.

Quelle que soit l'impression d'isolement que ressent le voyageur à pied, la nature n'est pas pour lui un obstacle, mais la condition du retour à l'humanité. Car c'est en son sein que l'homme retrouve le goût des autres, et c'est par elle, en se jouant d'elle que, à nouveau conscient de ce que l'humanité apporte à l'individu, il chemine vers eux. Jour après jour, l'homme en marche surmonte les épreuves et triomphe des éléments : il parvient à guéer une rivière au cours vif, à escalader un escarpement, à se prémunir à temps contre le froid et le vent ; aussi est-ce empli d'une incroyable confiance en lui-même, pondérée par le fait que le moindre faux pas coûte cher à qui avance seul, qu'il cherche sans cesse à repousser son horizon.

Si le marcheur parvient, de justesse parfois, à rester maître de son destin face aux éléments déchaînés, la situation lui échappe dans certains contextes humains. Autant le dire tout de suite, les forces militaro-policières constituent un danger bien supérieur à celui que représentent certaines pratiques de vol, de brigandage ou même de kidnapping. Parti de Saada, en pleine zone tribale de l'ancien Yémen du Nord, j'aurais pu, en dépit de mon dénuement et de la légèreté de mon sac, être dévalisé chaque soir par mes hôtes, voire assommé en pleine nuit pendant mon sommeil à proximité de leur campement. Progressant dans une savane arbustive, je constituais une cible facile pour ces hommes qui, outre leur couteau *jambiya* au ceinturon, portent toujours un kalachnikov en bandoulière. En bordure du djebel Shahara, j'étais même passé au moment de la reprise d'une guerre tribale qui avait déjà fait plusieurs victimes récentes de part et d'autre. Rien... Pas le moindre problème, pas la moindre anicroche même si, au milieu des oueds, les femmes et les enfants que j'entrevoyais au loin disparaissaient comme par enchantement à peine relevais-je les yeux des galets.

Les hommes, eux, me saluaient à distance. Et voici qu'à hauteur de Manakha, sitôt entré en zone gouvernementale, alors que je longeais la route au soir, je fus dépassé par un 4x4 qui s'arrêta dans un virage. Je ralentis le pas ; l'un des deux occupants de la voiture avait eu le temps de se cacher dans un buisson ; il en sortit et, arme pointée dans ma direction, me fit signe d'approcher. J'expliquai en arabe que des amis me suivaient, qu'ils allaient arriver, et je reculai avant de tourner les talons et de prendre mes jambes à mon cou. Quelques balles sifflèrent à mes oreilles tandis que je courais vers un groupe de paysans dont j'avais repéré la présence sur une butte. Le véhicule se lança à ma poursuite et rejoignit avant que je ne l'atteigne le groupe dont j'escomptais la protection. Mes brigands racontèrent que j'avais refusé de présenter mon *jawaz* – passeport –, et les paysans intimidés me séquestrèrent la nuit durant, avant qu'un instituteur égyptien n'obtienne ma libération et ne rachète du même coup tous les déboires administratifs que j'avais connus dans son pays trois mois auparavant. Ainsi, alors que nul habitant ne m'avait inquiété dans la région la moins surveillée du pays, les premiers policiers venus avaient failli me tuer dans sa partie sous contrôle officiel. C'est en effet souvent en zone civilisée, voire semi-urbaine, mais en tout cas rarement en zone rurale et isolée que le marcheur connaît la peur, celle qui fit que, traumatisé par cette expérience, j'attrapai trois jours plus tard une fièvre paratyphoïde qui me tint deux semaines alité.

Les passages d'une frontière disputée – entre la Turquie et la Syrie par exemple –, la traversée de zones sensibles – le désert de Judée au moment de la première Intifada, ou le plateau du Karamoja à la fin d'une guerre civile en Ouganda – constituent un véritable danger. Plus éprouvant encore est le séjour dans les États policiers où chaque citoyen croit de son devoir de dénoncer l'étranger auprès des autorités, soit pour concourir au salut collectif, soit, lorsque la propagande nationaliste est en perte de vitesse, afin d'éviter d'être tenu pour responsable de la présence d'un espion éventuel. Il en alla ainsi pour moi dans la Bulgarie communiste, d'où je fus expulsé vers la Grèce, dans la Roumanie des dernières années du régime de Ceausescu, où nul ne voulait prendre le risque d'être vu en compagnie d'un étranger, ou dans le Vietnam des débuts de la *doî nói* (« ouverture »). Soir après soir, il me fallait montrer patte blanche aux autorités – parfois un simple chef de poste ou de village –, en expliquant mon voyage, en tendant quelques coupures de presse à son sujet, en gagnant l'un après l'autre les membres de l'assistance à ma cause, avant que la suspicion initiale ne bascule soudainement pour faire place à des excuses circonstanciées et aux sourires. De manière générale, il faut toujours exiger la venue d'un gradé ou, du moins, la présence de quelqu'un qui sache lire, de façon à ce que les documents produits n'engendrent pas davantage de suspicion. À l'heure de Google Earth, de nombreux militaires ou paramilitaires croient que l'espion a encore figure humaine...

On a trop tendance à croire que le piéton, du fait de sa sobriété et du temps dont il dispose pour se livrer à la réflexion, est à défaut d'un saint un philosophe. Que le voyage, et *a fortiori* le voyage à pied, rend sage. Ce qui devrait frapper pourtant est la folie de l'homme qui marche. Son mode de déplacement est tellement à l'opposé du cours du monde que même vos hôtes d'un soir, chez lesquels vous êtes arrivé épuisé, assoiffé, affamé, empoussiéré par la piste ou lessivé par la pluie, et auxquels vous avez expliqué le sens de votre voyage, vous proposeront sans doute au matin de vous déposer en ville ou vous communiqueront les horaires du prochain bus. Or la vertu du voyage à pied tient à sa continuité, à ce fil que l'on déroule par l'effort de sa volonté pour relier entre eux les hommes, les animaux, les plantes et les paysages que l'on traverse. Cette vertu disparaîtrait vite si l'on en venait à « sauter » telle région moins pittoresque, tel tronçon d'une route trop passante, les abords désordonnés de telle ville, pour ne garder d'un lieu que ce que recensent les guides touristiques.

Prenons le cas de la Grèce, que j'ai arpentée avec les ouvrages de Jacques Lacarrière à la main, qui lui-même était parti en compagnie d'Hérodote et de Pausanias. Et quittons Athènes pour rejoindre Delphes. De l'Acropole, on gagnera par des faubourgs hâtivement construits, sur fond de raffinerie de pétrole, le site certes décevant mais ô combien évocateur d'Éleusis. Puis, en bordure du golfe Saronique, on marchera vers la localité de Mégare. Là seulement, à 50 kilomètres de la capitale, on commencera à se concocter un itinéraire plus bucolique pour atteindre l'isthme de Corinthe et son canal. Lisant au soir *L'Iliade* attablé devant des souvlakis, des calamars et du vin résiné, on trouvera au matin les pierres des lieux antiques mentionnés dans l'énumération des cités grecques liguées contre Troie. De loin en loin, un berger et ses chèvres, un couple affairé dans son oliveraie, un homme sur son âne, et les stridulations incessantes des insectes dans les herbes chargées d'arômes portés par le vent du golfe de Corinthe.

Il n'y a là rien de spectaculaire à découvrir, mais tout est imprégné par l'ambiance des lectures, l'atmosphère champêtre, la simplicité unique de la marche dans un pays accueillant et ouvert à l'étranger. Car, chaque soir après la fermeture de la taverne où il est resté attablé, il lui suffit d'étendre son duvet à l'étage d'une de ces maisons inachevées qui, défigurant souvent les localités, paraissent ne servir qu'à faire sécher la lessive ou les fruits. À l'aube, la femme qui viendra retirer le linge le priera de rester dormir encore un peu, comme le fit ailleurs un pope venu célébrer les matines en enjambant mon duvet déroulé sous le porche de son *katholikon*. Le voyageur baigne pleinement dans cette ambiance grecque faite de majesté antique et de modestie contemporaine quand les plaines de l'Attique cèdent la place au piémont du Pinde. Les villages deviennent rustiques, l'habitat moins ouvert à la lumière car plus exposé au vent hivernal. À une semaine de marche de là, dominant la houle des oliviers séculaires de la vallée du Pleistos, la *tholos* du temple d'Athéna pronaïa, la voie sacrée, l'emplacement du trépied de la pythie, l'*omphalos*. Jour après jour, vous avez rejoint ce qui vous faisait rêver enfant, l'endroit au-dessus duquel les aigles lâchés par Zeus aux deux extrémités de la Terre se rencontrèrent. Vous êtes comblé par le lieu, son panorama, au point que comme à Éphèse, comme à Palmyre, comme à Pétra, comme à Angkor, vous vous octroyez le droit de dormir furtivement parmi les pierres dans l'espoir d'en entendre encore la palpitation secrète. La rumeur de la raffinerie d'Éleusis, des vraquiers du canal de Corinthe, des psalmodies orthodoxes transmises par les haut-parleurs extérieurs, des conversations des femmes sur leur seuil, des ouvriers agricoles dans les vergers, du braiment des ânes, tout s'estompe et concourt à vous faire oublier la saison, l'époque, pour graver de manière indélébile le lieu en vous. Qu'est donc Delphes pour celui qui, débarquant d'un autocar climatisé, peine à gravir sa voie sacrée ?

La sagesse que l'on tire de cette expérience est l'adéquation renouvelée entre ce à quoi on aspirait – désir d'inconnu, de nouveauté, de découverte – et ce que l'on a mis en œuvre pour y parvenir, entre la fin et les moyens. On se révèle jour après jour le seul maître d'œuvre de la vie que l'on s'est forgée. On devient l'artisan de son propre bonheur, un bonheur qu'aucune tornade, qu'aucun séisme, qu'aucune catastrophe naturelle ne saurait détruire, car il ne repose pas sur une satisfaction d'ordre matériel mais d'ordre intellectuel et spirituel. Il envisage l'avenir comme une succession de souvenirs, d'émotions, de rencontres, de visions. Il fait peu de cas de la peur d'autrui, des éléments, du lendemain, de la maladie. Il dénoue les obligations et les liens. Il libère et, ce faisant, rend enfin disponible pour écouter le chant de la nature ou la complainte des hommes, pour éprouver une empathie véritable avec le monde et non plus l'émotion éphémère qui oscille au gré de l'actualité servie par les médias. On laisse toujours une part de soi dans un pays que l'on a traversé à pied et, comme le renard qu'a apprivoisé le petit prince, dès lors il ne sera plus jamais indifférent. Le lieu traversé deviendra un lien éprouvé.

De même que l'une des expériences les plus fortes que puisse faire l'alpiniste est de partir avant l'aube en vue d'effectuer l'ascension d'un sommet, l'une des expériences les plus singulières que puisse faire le voyageur à pied est de braver une nuit d'encre. À l'issue d'une journée de marche, la tombée du soir est synonyme d'inquiétude pour qui veut redescendre des crêtes dans la vallée, atteindre un village, un point d'eau ou de ravitaillement. Cette inquiétude peut être liée à l'incertitude du bivouac, à l'orage qui menace, à la fraîcheur du soir qui tombe avant le froid de la nuit, à l'obscurité bien sûr. Et, hâtant le pas vers le lieu qu'il s'est assigné pour étape, le marcheur est soulagé lorsque, au sortir des pentes ou de la forêt, il trouve enfin un sentier, aussi ténu soit-il. Une fois le soleil passé sous l'horizon ou derrière un sommet, le voici bientôt dans l'ombre, puis dans la pénombre où son regard qui jouissait des lointains peine désormais à discerner les cailloux du chemin. Et la sensation d'inconfort et de froid augmente alors que se lève le vent du soir.

Il semble aussi que, la fatigue aidant, les jambes deviennent lourdes et le pas moins assuré. Avec la nuit surgit l'angoisse, tandis qu'une dernière fois on consulte la carte, à peine lisible à présent. Surgit alors la cohorte des doutes. N'aurais-je pas dû déjà apercevoir les lumières du village ? Avoir atteint la route ? Peut-être aurais-je dû prendre plutôt à droite après le ruisseau ? Et si la cabane juste entrevue n'était pas celle qu'indique ma carte ? La peur immémoriale de l'homme seul face à lui-même et à la nuit ressurgit d'un coup. Un fourré qui bruisse au vent vous paraît menaçant à cette heure. Une branche qui vous fouette le visage vous surprend comme un serpent. Et partout des silhouettes paraissent se moquer de vous. Les djinns, les elfes ou les trolls dansent un véritable sabbat alentour : par très grande fatigue, l'hallucination vous guette. La nuit est là, et avec elle le temps se distend : vous croyez marcher depuis des heures alors que le crépuscule n'est pas tombé depuis 30 minutes – faut-il préciser que vous ne portez jamais de montre ? Les gouttes qui viennent timidement mourir sur vos joues préludent-elles au début de la pluie ? Qu'importe ! Insensiblement, le miracle se produit. Votre corps était fatigué, votre esprit inquiet, et voilà qu'avec la lune qui monte dans le ciel nocturne une sérénité inattendue s'empare de vous. La nuit naguère menaçante vous enveloppe, elle rend votre marche irréelle, insensée, unique. Vous jouissez de l'impression ineffable d'être le seul être animé, en marche vers un destin sans cesse repoussé, que plus rien ne saurait arrêter. Lorsque surgiront les lointaines lueurs du hameau, vous reviendrez progressivement à la réalité des bêtes qui s'écartent dans un champ, du chien qui aboie à votre approche, d'une lumière qui s'allume. Et, sous une remise ouverte aux quatre vents, vous déroulerez discrètement votre sac de couchage. Dans le noir encore…

L'homme qui voyage à pied dans la nature sauvage n'est, selon la fort jolie expression de Georges Moustaki, *jamais seul avec [sa] solitude.* D'abord parce que la marche convoque sans cesse, de manière fortuite ou continue, des milliers de souvenirs et de visages, quand elle ne les déploie pas *ex nihilo* de la mémoire. Dans son dénuement que n'alimente aucune télévision ni radio, que ne perturbe aucun bruit ni musique, que les paroles échangées distraient rarement, l'esprit se remémore maints actes de sa vie passée. Y a-t-il du soleil ? il s'ouvre au monde qui l'entoure. Y a-t-il de la pluie ? il se referme sur son monde intérieur. Malheureusement, lorsqu'un tourbillon de pensées en vient à l'agiter, il a tendance à se rappeler davantage les échecs que les réussites, les promesses oubliées que les promesses tenues, les propos désobligeants, les maladresses et les quiproquos que les paroles aimables et les encouragements. Au fil de sa journée, le marcheur en arrive parfois à ruminer ou à refaire littéralement sa vie, en en modifiant un élément déterminant pour inférer tout ce qui aurait pu en découler. S'il se rappelle de manière quasi obsessionnelle ce qu'il a vu, il imagine aussi ce qu'il s'apprête à voir. Il est bercé par l'attente et le souvenir.

Le chemin fait en outre surgir toutes sortes de pensées. Qui, par exemple, en a fait le premier la trace ? Par quelle succession d'allées et venues, par quels efforts, lorsqu'il est magnifiquement empierré ou taillé dans la roche, a-t-il été établi ? A-t-il commencé sous les pieds d'un homme audacieux qui a poussé toujours plus loin son désir d'ailleurs ? A-t-il correspondu au besoin d'un groupe humain à un moment donné de son histoire ? Plus le lieu où le chemin passe est écarté et plus le travail que son établissement a requis et que son entretien requiert encore paraît démesuré. Les chemins dallés qui relient les monastères et les ermitages de la « Sainte Montagne », et jusqu'à la *skiti* des Kerasia à la pointe accore de la péninsule, sous les 2 033 mètres du mont Athos, attestent un peuplement millénaire et d'intenses échanges monastiques. Mais il n'est pas partout besoin comme là-bas d'un permis spécial pour arpenter les voies de la mémoire. Les sentiers douaniers de Bretagne, les chemins creux qui strient le Massif central, les drailles des Causses, les sentes vertigineuses de la Corse ou des Hautes-Pyrénées, les voies qui se devinent même dans les chaos rocheux ou les pierriers des Alpes, les innombrables pistes forestières ou domaniales de France racontent chacune à sa manière la vie des bergers, des bouviers, des chasseurs, des cultivateurs, des forestiers... et aussi des résistants, des pèlerins, des colporteurs, des contrebandiers, des naufrageurs et des bandits de grand chemin.

S'il est pavé de questions, le sentier, par ses vestiges, alimente aussi la réflexion de celui qui l'emprunte. Il voudrait surprendre le chant des lavandières aux mains transies à l'approche du moindre lavoir d'Île-de-France. Il hésite à se signer lui aussi devant les innombrables calvaires en fer forgé de la Beauce, les croix templières et les oratoires de lauzes des Cévennes, les chapelles à la Vierge et aux saints qu'une maxime souvent indéchiffrable signale à l'attention du passant. Il prend le temps de s'asseoir sur un banc face au panorama ou de pousser la porte d'une cabane de berger. Et que dire des fontaines, suintant d'un repli, jaillissant d'une gargouille ou sourdant tout l'hiver, comme dans l'auge en bois de la cabane de Pré Peyret, sur le haut plateau du Vercors ! Quelle intelligence du terrain, quelle connaissance du milieu, quel labeur ! Pour quels besoins et quelles actions de grâces aussi ! Sans doute le signe le plus émouvant du chemin est-il, hormis son balisage, institutionnel ou non, la construction de cairns en zone d'altitude. Quel dévouement représente l'empilement de ces schistes, de ces galets, de ces blocs de granit pour rassurer le randonneur perdu dans le brouillard sur la voie du col ou du sommet ! Et qu'il est émouvant de planter sa tente dans un enclos de pierres qui la coupe du vent, de s'arrêter pour une pause dans un abri, de pierres ajustées aussi, sous le ressaut du pas ou de la hourquette, de se dire que, comme soi-même après eux, des centaines, des milliers de marcheurs ont, au même endroit, éprouvé la même félicité, et qu'en franchissant le seuil de telle improbable hutte des hauteurs, ils ont ressenti le même soulagement ! Le chemin – ses détours, ses signes, ses embûches – autorise une communion unique entre tous ceux qui l'ont emprunté et continuent d'en fouler la poussière. Il ressuscite dans le même contexte, aux mêmes endroits, des émotions universelles.

L'*Homo viator*, l'homme en marche, est, selon les termes de Rimbaud, en quête du *lieu* et de la *formule*. Traverser un paysage, entrer en communion avec lui et avec ses habitants, fait aussi surgir des pensées de sédentarisation, d'autant plus fortes que les circonstances – une brusque éclaircie, un point de vue grandiose, une scène champêtre ou une rencontre exceptionnelle – et l'harmonie qui s'en dégage le hissent soudain au rang de paradis. Le *lieu* est trouvé : le modeste croisement de ces pistes, ce torrent qui bruit en contrebas, l'orée de cette forêt, ces cimes qui ne font pas trop d'ombre. Reste la *formule*. Ah, être berger ici, forestier là ! Apiculteur ou herboriste. Quelle chance a ce garde-chasse, quel privilège pour ce météorologue ! Très vite, néanmoins, se pose la question de savoir comment parvenir à rompre la solitude. Par quel biais être à la fois en retrait du monde et associé à sa course ? Et l'esprit en vadrouille imagine tantôt un projet communautaire ou une expérience d'autarcie, tantôt un projet littéraire, photographique ou culturel. Car, mon expérience alaskane me l'a prouvé, il est difficile de *vivre dans le bois*, comme disent les Québécois, sans devenir un homme des bois, un marginal hirsute et sans manières, qui mange avec les doigts et se mouche au revers de sa manche. Le très beau récit de Vassili Peskov, *Ermites dans la taïga*, a montré à quel point un groupe humain isolé, une famille en l'occurrence, en vient en quelques décennies à développer des tabous, des rites qui, destinés à le souder et à le protéger, nuisent de manière dramatique à son développement ultérieur. Le cercle familial ne suffit pas à l'épanouissement humain : seul un projet commun avec autrui, une fois la disparité et la dissemblance acceptées, permet un essor véritable. Le marcheur, qui n'a de cesse de réfléchir au lieu et à la formule, poursuit son inventaire des pays, des écosystèmes, des cultures et des gens, et conserve comme un jardin secret ce que ses jambes l'ont amené à découvrir. Il se plaît à penser que le jour où elles lui feront défaut, ou quand il voudra enfin laisser son regard s'appesantir doucement sur les choses, il aura le choix entre la vallée de l'Alatna, les lacs du parc Wood-Tikchik, le massif du Dovre Fjell, le réseau lacustre du Saimaa et mille autres lieux méconnus des foules et qu'il a, lui, intensément goûtés.

Un élément d'importance est toutefois susceptible de ternir tous ces rêves éveillés : l'intégration dans le milieu autochtone. Le voyageur à pied, s'il ne suscite plus guère de méfiance, n'engendre pas de jalousie : on sait qu'il est de passage. Il ne vient en aucun cas menacer votre travail, accaparer vos terres et votre bétail, courtiser vos femmes, altérer votre mode de vie et vos coutumes. Ce passant est un trouvère, qui distrait de l'ennui d'une soirée d'hiver, donne des nouvelles de contrées lointaines, renvoie une image de soi-même. Il est parfois, surtout dans le monde musulman, source de prestige vis-à-vis de ses compatriotes – c'est *chez moi* qu'il s'est arrêté : il est mon hôte. La chaleur de l'accueil s'estompe vite si le séjour se prolonge car l'invité, surtout s'il ne contribue pas par son travail au labeur quotidien, devient vite un fardeau. Et, s'il s'établit sur place, peut se transformer en rival. C'est une situation que j'ai eu l'occasion d'éprouver lors de deux hivernages dans des communautés isolées d'Alaska, l'une, indienne, de la forêt boréale, l'autre, eskimo, de la toundra littorale. L'amitié et la générosité reçues spontanément en chemin ne s'approfondissent pas nécessairement avec la sédentarité même ponctuelle.

La connaissance et la compréhension fulgurantes que l'on peut avoir d'un lieu et d'un milieu en voyage ne sont du reste pas toujours proportionnelles à la durée du séjour qu'on y a effectué. Je pense sincèrement que l'écriture de voyage, la relation que l'on en fait dans son journal de bord, est une manière d'exorciser la nostalgie que l'on a conservée d'une personne, d'une situation, d'un endroit, de poursuivre sa description et son effort de compréhension alors même qu'on est à nouveau reparti, happé par d'autres horizons. Et la gageure qui accompagne cet exercice de narration est de parvenir à se prémunir contre la tentation d'être blasé, de conserver, envers et contre tout, la capacité à ne pas laisser ce que l'on vit et ce que l'on voit se muer en habitude. Manger du lard de baleine, observer des ours et des loups, gravir les volcans, arpenter les sables, traverser la jungle, doit, pour le voyageur solitaire privé de repères, demeurer une expérience privilégiée, jamais routinière. Être accueilli, à l'issue de sa journée de marche, sous la hutte nilotique, la tente bédouine ou eskimo, la yourte mongole ou le tipi indien n'est pas anodin ; y être nourri et y dormir non plus. Si elle ouvre les portes, la marche ne donne aucun droit, quel que soit l'état de fatigue ou de précarité dans lequel celui qui s'y livre s'est placé de plein gré. Elle oblige au contraire le marcheur à conserver, en la renouvelant sans cesse, une faculté inestimable : l'émerveillement.

Lecteur, j'aimerais que tu ne retiennes qu'une chose au terme de ces lignes. Que ni la gloire, ni la recherche de l'exploit, ni le dépit ne t'animent, mais seulement le désir de voyager. Ne crains rien, ni l'abandon des tiens ni de ta vie présente, ni ce que te réservent les lendemains de route. Endosse ton sac et trace ton propre chemin, fût-il d'un jour, d'une semaine, d'un mois ou d'une vie. Tu feras de l'amitié de fortune ta provende et de la nature ton amante. Et quand la pluie du ciel te deviendra aussi douce que l'eau de source, le bruit de l'orage précieux comme le grondement des cascades, quand la valse des floraisons et des saisons t'emportera, quand le chaud et le froid te seront indifférents, que tu appelleras la bise ou l'harmattan pour qu'ils t'instillent le goût du dépassement, que tu espéreras la neige pour qu'elle ranime en toi l'aspiration à la pureté et les sables pour qu'ils polissent ton dépouillement, tu connaîtras l'ivresse de la marche, une ivresse qui ne nuit jamais, une ivresse qui ne passe pas.

Vallée d'Aure, Hautes-Pyrénées
Août 2008

DANS LA MÊME COLLECTION

1. Anne-Laure Boch – L'EUPHORIE DES CIMES

Petites considérations sur la montagne et le dépassement de soi

Pourquoi aller au sommet quand on peut se contenter du col ? Pourquoi chercher les itinéraires les plus directs, les plus difficiles, les plus engagés ? Pourquoi affronter le danger, le froid, l'inconfort, la souffrance, quand les sentiers balisés offrent une découverte tranquille de la montagne ? L'esprit de l'alpinisme n'est pas celui des succédanés aseptisés que la société moderne propose en lieu et place de l'aventure alpine. Au fondement de cette passion, le besoin mystérieux de se confronter à une nature immense qui accueille et domine, sans que jamais la volonté de conquête n'attente à sa pureté. Cette mystique de l'effort inutile, enracinée dans la tradition occidentale du dépassement de soi, conduit à une expérience qui transcende toutes celles que la vie ordinaire réserve : l'euphorie des cimes, la plus belle des récompenses.

2. Jean-Pierre Valentin – LE MURMURE DES DUNES

Petit éloge du désert et de ceux qui y vivent

Le sable du Sahara fredonne sur le flanc de ses plus hautes dunes, qu'elles soient vives, isolées, regroupées en erg, ocre, blondes ou rousses. Et tandis que le vent les caresse, les façonne et les détruit, les puits et les palmeraies, les cavités rupestres, les campements et les caravanes chamelières chantent la mémoire des peuples du désert. Leur univers, âpre mais en lien permanent avec la nature, permet de reconsidérer notre rapport à celle-ci, d'esquisser une réponse aux maux qui l'assaillent et la défigurent. Le désert nous ramène aussi à notre propre nature et à nos besoins premiers : ressentir la soif, la chaleur et l'effort. Prendre part à une méharée, boire le thé au bivouac du soir et rester attentif au murmure caressant des dunes, c'est communier avec le temps et le monde.

3. Émeric Fisset – L'IVRESSE DE LA MARCHE

Petit manifeste en faveur du voyage à pied

À l'heure où explosent les formes de voyage rapide et facile, pourquoi la marche reste-t-elle un mode privilégié de relation au monde ? Pourquoi permet-elle une plus grande acuité du regard porté sur la nature et une plus grande disponibilité aux autres ? Quels sont les états mentaux auxquels accède le marcheur au long cours ? Grâce à la diversité des terrains et des climats qu'il affronte, au rapport spécifique qu'il tisse avec les lieux qu'il aborde, le voyageur à pied témoigne de découvertes et de sensations particulières, intimement liées à l'ascèse et à la simplicité de sa vie nomade : la rencontre humaine, que la marche rend plus sincère, le face-à-face avec la faune sauvage, qu'elle permet d'approcher de plus près, un retour méditatif sur soi enfin, sont les récompenses de celui qui fait l'effort de cheminer librement et de prendre son temps.

4. Stéphan Carbonnaux – LE CANTIQUE DE L'OURS

Petit plaidoyer pour le frère sauvage de l'homme

Partir en quête de l'ours, dans les Pyrénées, la Slovénie ou les Balkans qu'il hante par sa présence discrète, c'est bien sûr découvrir un animal à l'intelligence et aux capacités surprenantes, sentir qu'une forêt sans ours n'est pas une vraie forêt, plonger dans une histoire ancestrale qui l'a hissé du rang de commensal de l'homme à celui de divinité. *Lou Pè-descaùs*, « le Va-nu-pieds », comme disent les Béarnais, le voilà, le vrai roi sauvage ! Et quiconque a vu l'ours n'est plus tout à fait le même. En Europe, le défendre est un combat d'avant-garde, celui de la préservation de vastes territoires sauvages au cœur même de nos sociétés modernes si dévoreuses d'espace et donc de liberté. Marcher dans les pas de l'ours, notre frère sauvage, ouvre des horizons insoupçonnés sur lui et sur nous-mêmes.

5. Bertrand Buffon – LE GOÛT DE LA POLITESSE

Petit précis des bonnes manières à l'usage du vaste monde

La politesse n'est pas l'apanage d'une tradition ou d'un peuple : elle est à l'origine des échanges, en ce qu'elle les rend possibles. Qu'elle concerne les modalités de la relation à autrui dans la vie courante ou celles de la relation à l'étranger, la politesse marque le respect que, avant même qu'on ait appris à le connaître, on est prêt à témoigner à l'autre. Elle est un art de vivre et une chance pour l'individu désireux d'entrer en communion avec ses semblables et de faire de la vie en société un bonheur renouvelé. C'est pourquoi la politesse, loin d'être une somme de règles tatillonnes, est une forme d'élégance et d'attention ; en introduisant la distance préliminaire qui ouvrira ensuite au cercle de l'amitié et de la familiarité, elle permet, au-delà de l'altérité, d'accéder à un surcroît d'humanité.

6. Baptiste Roux – LA POÉSIE DU RAIL

Petite apologie du voyage en train

Voyager en train est une routine et une jubilation. Le charme des machines, l'atmosphère chaleureuse ou lugubre des gares ou encore la torpeur d'un compartiment bondé renvoient à l'instant immédiat et convoquent également les souvenirs diffus d'une vie itinérante. Que l'on soit seul ou en groupe, dans une micheline ou à bord d'un TGV, le parcours ferroviaire impose naturellement son temps et son espace, transformant le paysage en durée, contractée ou dilatée selon la vitesse. Voyager en train, c'est aussi reprendre instinctivement des habitudes qui, sans renvoyer à la seule expérience intérieure, posent la question de la présence de l'autre, dans le partage plus ou moins imposé de son intimité. Rencontres, projections, rêves sur les grandes lignes mythiques : le train semble être par nature l'un des meilleurs stimulants de l'imaginaire.

Couverture : Alpes bernoises / François-Xavier de Villemagne
Collection : « Petite philosophie du voyage »
Conception graphique : Matthieu Raffard
Réalisation : Transboréal
ISBN : 978-2-913955-70-7
Dépôt légal : novembre 2008

TRANSBORÉAL
EST UNE MAISON D'ÉDITION
QUI VEUT PROMOUVOIR LE TRAVAIL D'AUTEURS,
D'ILLUSTRATEURS ET DE PHOTOGRAPHES
AYANT FAIT PREUVE D'ABNÉGATION ET DE COURAGE
LORS D'ÉTUDES OU DE VOYAGES AU LONG COURS
MARQUÉS PAR UNE RÉELLE CONNIVENCE
AVEC LE MILIEU HUMAIN OU
LE MONDE NATUREL

© 2008, Transboréal
23, rue Berthollet – Paris (v^e)
téléphone : 01 55 43 00 37
télécopie : 01 55 43 00 38
contact@transboreal.fr
www.transboreal.fr

ACHEVÉ D'IMPRIMER EN OCTOBRE 2008 SUR LES PRESSES
DE LA NOUVELLE IMPRIMERIE LABALLERY
À CLAMECY (58)
NUMÉRO D'IMPRESSION : 810023